AF450645

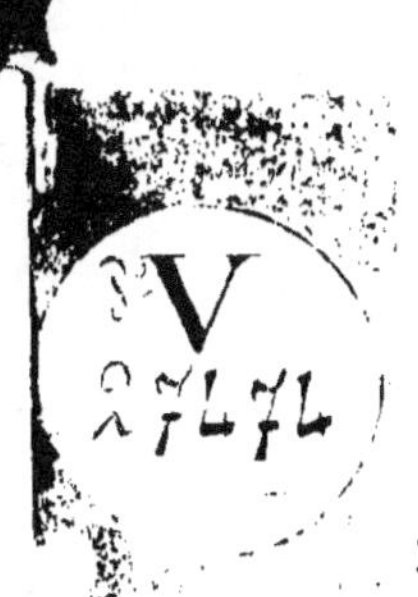

LABOR IMPROBUS OMNIA VINCIT

QUADRATURE
DU CERCLE

PAR

M. BOULANGER

ANCIEN ÉLÈVE DE L'ÉCOLE NORMALE DE VERSAILLES,
ANCIEN PROFESSEUR DE MATHÉMATIQUES ET D'ASTRONOMIE

GENÈVE
IMPRIMERIE W. KÜNDIG & FILS, VIEUX-COLLÈGE, 4

1898

QUADRATURE DU CERCLE

QUADRATURE

DU CERCLE

PAR

M. BOULANGER

ANCIEN ÉLÈVE DE L'ÉCOLE NORMALE DE VERSAILLES,

ANCIEN PROFESSEUR DE MATHÉMATIQUES ET D'ASTRONOMIE

GENÈVE

IMPRIMERIE W. KÜNDIG & FILS, VIEUX-COLLÈGE, 4

1898

TABLE DES MATIÈRES

contenues dans la partie purement géométrique de cet ouvrage.

1º Théorie de la Cycloïde par Montucla, auteur de l'histoire des mathématiques, voir : Article Cycloïde, planche 1, figures 1-3.

2º Grand et petit axe de la Cycloïde.

3º Rectification de toute circonférence de cercle.

4º Transformation de la surface circulaire du cercle en un triangle rectiligne équivalant à celle du cercle, puisqu'il a pour base la circonférence rectifiée et pour hauteur le rayon même du cercle. (Principe établi par Archimède : fig. 4, planche 1.)

5º Transformation géométrique de la surface de ce triangle en un carré : carré par conséquent, égal à la surface du cercle ? donc quadrature du cercle !!!

6º Quadrature de tous secteurs, de tous segments, de toutes lunules, de tous anneaux, de toutes surfaces rectilignes, régulières ou irrégulières, formées dans le cercle ; quadrature de surfaces annulaires comprises entre 2 circonférences ayant ou n'ayant aucun point de contact entre elles ; et enfin quadrature de toute ellipse et des lunules comprises entre le cercle et l'ellipse. Quadrature de la somme des lunules et de celle de chacune d'elle en particulier ; idem de toute figure dont les lignes sont données comme représentant soit des rayons, des diamètres, des circonférences ; quadrature également de la surface de la sphère, de ses zones et ses fuseaux.

Transformation de la solidité de la sphère en parallélipipèdes rectangles, en pyramides triangulaires ou rectangulaires. Et enfin : quadrature du rapport π ! de sa partie entière 3 et de sa partie fractionnaire incommensurable 0,1415926535897932.....

Toute solution des théorèmes exprimés dans cet ouvrage : est donnée en fonction graphique.

Rapport du diamètre à la circonférence, non en chiffre, mais en lignes droites et en surface carrée.

AVIS ESSENTIEL

MONTUCLA, D'APRÈS ARCHIMÈDE

La nature du cercle établit une telle liaison entre la mesure de son aire et la longueur de sa circonférence, que l'une étant connue, l'autre l'est nécessairement.

On aura donc également la solution du problème : soit que l'on détermine immédiatement quelque espace rectiligne égal au cercle, soit qu'on trouve une ligne droite égale à sa circonférence. — Avant Archimède qui a trouvé ce rapport on tentait le premier moyen : système des lunules d'Hypocrate, de Chio [1].

Mais c'est depuis Archimède jusqu'à la nouvelle géométrie que les efforts des géomètres se sont principalement tournés vers la dimension de la circonférence. (Histoire de la quadrature du cercle par Montucla.) — Comme l'atteste du reste la méthode

---

[1] Comme l'auteur du présent système l'a tenté lui-même en 1888, mais qui fut abandonné par lui comme ne pouvant donner que des résultats très limités.

des polygones réguliers et semblables inscrits et circonscrits qui ne pouvaient se réduire en un périmètre unique qu'en se confondant avec la circonférence même du cercle qu'ils enserrent, c'est-à-dire que quand ils seraient devenus un polygone d'un nombre infiniment grand de côtés et ces côtés infiniment petits (définition du cercle par Archimède) ; c'est-à-dire : jamais.

Cependant ce sont ces polygones qui ont permis de donner une approximation en chiffres du rapport du diamètre à la circonférence $\frac{C}{2r}$ approximation que ne peuvent donner aucune mesure géométrique graphique! et pourtant mesure graphique seule acceptable par le raisonnement ; car ce raisonnement suppose la vérité absolue comme du reste dans toutes les figures géométriques.

En conséquence de ce qui précède, cet ouvrage étant fondé sur la rectification de la circonférence du cercle par le grand axe de la cycloïde, qui n'est autre chose, vu la manière dont cette courbe est formée, que la circonférence même du cercle générateur qui se transforme en une ligne droite sans éprouver aucune altération dans ses dimensions, et en outre *ligne droite qui ne peut être déterminée exactement que par la cycloïde elle-même ;* et en même

temps le petit axe de cette courbe étant le diamètre même du cercle ; comme nous le démontrerons dans la partie purement géométrique
de cet ouvrage à l'article cycloïde, par Montucla, auteur de l'histoire des Mathématiques ;
partie géométrique que nous faisons précéder
par une partie historique sur les recherches
faites par tous les géomètres des temps passés
qui se sont exercés à la découverte de ce problème (déclaré impossible par l'Académie des
sciences modernes).

Alors dans cet état, la surface circulaire du
cercle se transforme avec facilité en un triangle
rectiligne qui a pour base la circonférence rectifiée et pour hauteur le rayon du même cercle ;
ce triangle égale donc la surface du cercle.
**(Principe démontré par Archimède en-
viron 350 ans avant notre ère.)**
Et ce triangle étant facilement transformé
en carré, ce carré égale donc celui du cercle !
ce que nous venons de dire est démontré géométriquement dans notre ouvrage.

Axiome géométrique essentiellement appli-
cable à la formation du grand axe de la cycloïde
par la circonférence du cercle générateur.

Toutes grandeurs, lignes, surfaces ou solides
sont égales, lorsqu'étant superposées l'une

sur l'autre, elles coïncident exactement dans toute leur étendue ; soit par une seule application, comme dans les petites dimensions, ou par applications multiples comme dans les grandes lignes et les grandes surfaces.

En conséquence de ce que nous venons d'établir, *nous n'hésitons pas à affirmer, que toute discussion, toute contestation tendant à combattre ou à renverser notre théorie, avant d'en avoir démontré péremptoirement la fausseté, ne peut être considérée que comme raisonnement sophistique, dicté par l'ignorance ou la mauvaise foi,* car il est de la plus claire évidence que, la ligne droite que nous possédons : *est celle que réclamait Archimède, et que cherchèrent inutilement les géomètres qui lui succédèrent !...* car la cycloïde n'était pas connue alors.

Tout exemplaire de l'ouvrage ci-dessus sera revêtu de la signature de l'auteur.
Tous droits réservés.

BOULANGER.

Axiome populaire rationaliste :

Jamais un fait négatif n'a pu prévaloir contre un fait positif !

ARAGO
Conférence astronomique.

QUADRATURE DU CERCLE

PRÉFACE

Dans le monde instruit, même en dehors de ceux qui cultivent les sciences exactes, on peut dire qu'il n'est personne pour qui l'expression de quadrature du cercle soit inconnue. Je dis, expression seulement, car il n'y a guère, je pense, que ceux qui étudient spécialement les mathématiques, qui en comprennent la véritable signification ; et encore, parmi ces derniers, en est-il beaucoup peut-être, dont les idées, sur ce point, sont loin d'être conformes à l'exigence de la question. Mais ni les uns ni les autres n'ignorent que la recherche de la solution de ce problème ne remonte à une haute antiquité, et qu'elle est néanmoins restée sans résultat satisfaisant malgré les efforts des géomètres et des mathématiciens depuis Archimède jusqu'à aujourd'hui et les géomètres l'ayant depuis longtemps déclarée impossible, refusent, *a priori*, l'examen de tout travail traitant de cette matière c'est le cas de dire :

> Croire tout découvert, est une erreur profonde.
> C'est prendre l'horizon pour les bornes du monde.

Il n'est donc point étonnant que l'on considère cette solution comme impossible, chimérique même, et ceux qui la cherchent encore, comme étant privés de sens commun. Aussi a-t-on l'habitude de dire d'un homme dont l'esprit est trop fortement préoccupé, qu'il cherche la quadrature du cercle.

On traite également d'insensé, celui qui cherche le mouvement perpétuel ; mais s'il est démontré mathématiquement que ce mouvement est impossible à nos moyens, bien que sa théorie soit des plus simples [1] ; il n'en est pas ainsi de la quadrature du cercle : il est vrai cependant de dire que plusieurs grands géomètres ont considéré la chose comme impossible ; mais il en est d'autres, non moins célèbres, qui ont persisté à penser que cette impossibilité n'était rien moins que démontrée ; mais que la cause de l'insuccès dans les recherches faites à ce sujet

---

[1] Un simple pendule produirait le mouvement perpétuel si l'on pouvait réduire à néant la résistance de l'air et le frottement du couteau de suspension : deux choses matériellement impossibles actuellement à nos moyens.

n'était due qu'à la nature des moyens et des méthodes employés à cet objet.

En effet, nous verrons au commencement de cet opuscule, dans un résumé succinct de leurs travaux, pourquoi aucun des moyens employés par ces géomètres, n'était capable de les conduire au but qu'ils se proposaient d'atteindre.

C'est après mûres réflexions sur ces divergences d'opinion, que nous avons partagé les sentiments et les idées de ceux qui n'admettaient pas comme suffisamment démontrée l'impossibilité de la solution du problème.

Notre conviction sur ce point a été d'autant plus entière, que nous avons aussi employé, pendant très longtemps, les mêmes moyens ou à peu près, sans pouvoir obtenir de résultat satisfaisant, comme on le pense bien. Cependant, loin de nous décourager et d'abandonner nos recherches, nous les avons poursuivies avec plus d'ardeur encore, mais en prenant une autre direction. C'est alors que nous avons compris, puisque le rapport du diamètre à la circonférence est incommensurable, que les éléments que la proposition exige, pour la solution de la question, ne pourraient jamais être obtenus ou donnés que par ces éléments eux-mêmes ; c'est-à-dire qu'il fallait, en employant un procédé graphique qui fut en théorie d'une précision rigoureuse, sans le secours d'aucun rapport ni intermédiaire quelconque, qu'il fallait, dis-je, que l'on pût construire, avec le cercle lui-même, un triangle qui eût pour base la circonférence du cercle, et pour hauteur le rayon de ce même cercle, mais rayon et circonférence obtenus directement comme nous l'avons dit.

Cette nécessité absolue nous a remis en mémoire la fameuse courbe découverte par Galilée en 1639.

Effectivement, les dimensions qui nous sont indispensables sont les éléments générateurs de cette courbe, puisque, comme nous le verrons plus loin, elle ne résulte que des actions simultanées et conjointes de la circonférence et du diamètre seuls du cercle qui l'engendre ; elle renferme donc, implicitement en elle, ces deux dimensions : *circonférence et diamètre*.

Aussi, par son secours, sommes-nous *parvenu à construire un triangle rectiligne, dont la base est la circonférence même du cercle générateur, et la hauteur, le rayon de ce même cercle*. Ce résultat est d'autant plus juste qu'il est général ; car il s'obtient comme dans tout théorème de géométrie, sans qu'il soit nécessaire de connaître aucune des dimensions de ce cercle.

Maintenant, *comme la surface du cercle a pour mesure sa circonférence multipliée par la moitié de son rayon,* il s'en suit que la surface *du triangle que nous obtenons, et celle du cercle, sont une seule et même chose, puisqu'elles ont pour expression de leur aire les deux mêmes facteurs en lignes droites.* Comme il est facile de transformer en un carré la surface d'un triangle rectiligne ; *ce carré est donc celui du cercle, c'est donc la quadrature du cercle !*

La possession de la quadrature du cercle n'est peut-être pas d'une très grande importance matérielle, je suppose, mais au point de vue scientifique, elle est certainement très intéressante.

D'ailleurs elle manquait à la gloire des mathématiques.

AVERTISSEMENT

Avant d'entrer en matière, nous allons donner la démonstration la plus rationnelle de la surface du cercle. Ensuite, nous donnerons connaissance des articles des principaux dictionnaires, concernant la quadrature du cercle, afin de bien fixer nos idées sur ce que les géomètres et les mathématiciens de tous les temps ont entendu par cette expression.

DÉMONSTRATION DE LA SURFACE DU CERCLE

La théorie la plus simple et la plus rationnelle de la surface du cercle est celle qui consiste à considérer le cercle comme un polygone régulier d'un nombre infini de côtés, chacun de ces côtés étant infiniment petit, c'est-à-dire, n'étant plus qu'une ligne droite joignant deux points mathématiques infiniment rapprochés. (Cette droite est l'élément de toute ligne droite ou courbe.)

D'après cette conception, si l'on imagine que du centre du cercle, l'on mène des rayons aux extrémités de ces droites, la surface du cercle sera décomposée en une infinité de triangles égaux infiniment petits, et la perpendiculaire menée sur chacune de leur base, ne différera point du rayon, donc, puisque ce rayon est leur hauteur commune : pour avoir la somme de leur surface, il suffit de multiplier la somme de leur base, qui n'est autre chose que la circonférence du cercle, par la moitié du rayon.

Il résulte de cette démonstration, que si l'on construit un triangle dont la base soit égale à la circonférence d'un cercle donné, et la hauteur égale au rayon du même cercle, sa surface et celle du cercle seront égales.

Passons maintenant aux articles des différents dictionnaires que nous avons consultés, concernant la quadrature du cercle.

DICTIONNAIRE ENCYCLOPÉDIQUE D'ALEMBERT ET DIDEROT

Article cercle.

« La surface du cercle est égale à celle d'un
« triangle, dont la base est la circonférence du

« cercle et la hauteur égale au rayon du même
« cercle. »

Article quadrature du cercle.

« La quadrature du cercle, ou la manière de
« construire un carré dont la surface soit parfai-
« tement et géométriquement égale à celle d'un
« cercle, est un problème qui a occupé les ma-
« thématiciens de tous les siècles.
  « Plusieurs soutiennent qu'elle est impossible;
« elle est du moins d'une difficulté qui l'a fait
« passer pour telle jusqu'à présent.
  « Archimède est celui des anciens géomètres
« qui a le plus rapproché de la quadrature du
« cercle. »

Article quadrature.

« *La quadrature du cercle est la manière de*
« *construire un carré égal à un cercle donné.*
  « Ce problème a occupé inutilement les mathé-
« maticiens de tous les siècles. Il se réduit à
« déterminer le rapport du diamètre à la circon-
« férence ; ce que l'on n'a pu faire encore avec

« précision. Si ce rapport était connu, on aurait
« aisément la quadrature du cercle puisqu'il est
« démontré *que sa surface est égale à celle d'un*
« *triangle qui a pour hauteur le rayon du cercle*
« *et pour base une ligne droite égale à sa circon-*
« *férence*. Il n'est donc besoin pour carrer le
« cercle que de le rectifier.

« Le problème de la quadrature du cercle
« consiste proprement dans l'alternative **de**
« **trouver cette quadrature,** ou de la démon-
« trer impossible (erreur) car un fait négatif !
« **non, même un nombre quelconque de**
« **faits négatifs sont détruits par un seul**
« **fait positif ou affirmatif !**
« La plupart des géomètres n'entendent par
« quadrature du cercle que la première partie
« de cette alternative. Cependant, la seconde
« résoudrait parfaitement (erreur !) le problème.
« Newton a déjà démontré dans le premier
« livre de ses principes mathématiques (sect. VI.
« tome XXXVIII) que la quadrature **indéfinie**
« **du cercle, et en général de toute surface**
« **ovale était impossible, c'est-à-dire qu'on**

« **ne pouvait trouver une méthode pour**
« **carrer à volonté une portion quelcon-**
« **que de l'aire du cercle**[1]. Mais il n'est pas
« encore prouvé qu'on ne puisse avoir la quadra-
« ture absolue du cercle entier, si l'on avait le
« rapport du diamètre à la circonférence, on
« aurait, comme on l'a déjà dit, la quadrature
« du cercle ; **puisqu'il n'y aurait qu'à cons-**
« **truire un triangle qui aurait pour base**
« **la circonférence rectifiée, et dont la hau-**
« **teur serait le rayon ;** ou plutôt, que l'un
« ne peut se faire sans l'autre. »

Il nous semble que ces citations sont suffi-
santes pour faire comprendre que les mathématiciens et les géomètres, dans leurs recherches
concernant la quadrature du cercle, n'avaient
d'autre but pour y parvenir que *de construire
un triangle rectiligne qui eut les dimensions
constitutives du cercle ;* et si par suite le rapport
du diamètre à la circonférence, étant beaucoup
plus approché que celui d'Archimède, permit
d'obtenir la surface du cercle, avec une précision plus que suffisante pour les besoins civils.
Cependant, la recherche de cette quadrature

[1] Voir page 1 la table des matières contenues dans ce
volume.

n'en fut pas moins pour eux un objet de constante sollicitude. Mais alors, ils n'avaient plus pour but que d'obtenir la théorie rigoureuse et géométrique de l'égalité de la surface du cercle avec un carré graphique, chose qu'ils savaient ne pouvoir obtenir que de cette manière, car ils n'ignoraient pas que la surface du cercle n'a pas de racine carrée qu'on puisse évaluer en nombre, comme nous le démontrerons par la suite.

Méthodes et moyens employés par les géomètres pour trouver la quadrature du cercle.

Puisqu'il suffirait, pour avoir la quadrature du cercle, de construire un triangle rectiligne dont la base soit égale à la circonférence d'un cercle donné et la hauteur au rayon du même cercle. Alors, le moyen qui paraissait le plus simple pour y parvenir était de connaître le diamètre du cercle, ligne toujours facile à mesurer, et ensuite de trouver le rapport entre le diamètre et la circonférence, ce qui eut permis de construire sur ces deux dimensions le triangle demandé.

En effet, si ce triangle était construit, il n'y aurait qu'à prendre graphiquement une moyenne proportionnelle entre la base et la moitié de la hauteur de ce triangle. Cette moyenne proportionnelle serait le côté du carré dont l'aire est absolument égale à celle du cercle. C'eut donc été la quadrature du cercle.

Le premier mathématicien qui s'est occupé de la recherche de ce rapport est Archimède. On a cependant dit que Anaxagore s'en était occupé dans sa prison. Archimède trouva qu'un cercle, dont le diamètre est 7, la circonférence est 22. En d'autres termes D : C :: 7 : 22. Si ce rapport eut été absolument exact, la quadrature du cercle eut été trouvée.

Ils imaginèrent d'envelopper exactement la circonférence du cercle de diverses manières, mais ils durent renoncer à ce procédé comme étant en contradiction complète avec cet axiome géométrique : La surface enveloppante est toujours plus grande que la surface enveloppée. En outre, en vue d'obtenir l'égalité absolue, ils ne pouvaient penser à envelopper cette circonférence qu'avec des objets qui, par leur nature, devaient paraître les plus propices pour obtenir cette exactitude absolue. Dans ce cas, les lames métalliques très minces devaient leur sembler préférables à tout autre objet. Mais alors ils durent voir que tandis que cette lame métallique contourne le cercle, sa surface intérieure se contracte, et que la surface extérieure se dilate et, lorsque cette lame est devenue libre, elle reprend d'elle-même ses dimensions normales, ou on la force à les reprendre, ce qui ne peut, comme on le voit, donner que des résultats inexacts.

Ensuite, d'autres géomètres inventèrent certaines courbes qu'ils nommèrent quadratrices destinées à rectifier, en d'autres termes à redresser les courbes ; l'une d'entre elle connue comme la plus fameuse avait pour but, construite dans un quart de cercle, en tombant sur le rayon, d'en déterminer une partie, qui fût au rayon entier, comme ce rayon est au quart de la circonférence. Mais elle ne put jamais déterminer cette partie, et l'on ajoute que, si elle l'eut déterminée, la quadrature du cercle eut été trouvée sans doute, mais elle n'avait garde de trouver ce point. Car, si l'on réfléchit un peu sur la nature du rapport qu'elle était destinée à trouver, on s'aperçoit bien vite qu'elle ne pouvait donner la solution qu'on espérait en obtenir. En effet, trouver une partie du rayon qui soit au rayon entier, comme ce rayon est au quart de la circonférence ? C'est chercher, purement et simplement, le rapport du diamètre à la circonférence. C'était donc chercher ce que déjà on n'avait encore pu trouver, malgré de nombreuses tentatives. La question au moyen de ces courbes n'avait donc pas fait un pas de plus.

De nouveaux travaux furent ensuite entrepris par des géomètres de temps plus modernes pour obtenir ce fameux rapport. Nous citerons celui d'Adrien Métius, $D : C :: 113 : 355$. Ce rapport est, à la vérité, plus approché que celui d'Archimède, mais n'ayant pas non plus une exactitude absolue, il ne put, par conséquent, offrir aucun moyen nouveau pour obtenir cette quadrature.

Nous venons de voir les efforts des anciens géomètres demeurer impuissants contre les difficultés que renferme la solution du problème de la quadrature du cercle, et nous ne citons ici qu'une bien faible partie de leurs essais, malgré leurs persévérantes tentatives; mais il est à remarquer qu'il n'y a pas que les mathématiciens anciens qui se soient évertués à rechercher la solution de ce fameux problème, car nous voyons les grands géomètres des siècles derniers, bien supérieurs aux anciens mathématiciens, armés d'une puissante méthode de calcul, découverte par l'illustre Newton, se mettre à l'œuvre et résoudre un grand nombre de problèmes dont la solution était jusqu'alors déclarée impossible..... Et pour ne parler que de solutions qui sont de même nature que celle qui nous intéresse, ces géomètres sont parvenus à obtenir la quadrature d'un certain nombre de courbes, telles que les paraboles de divers genres et autres, à déterminer les surfaces des solides de révolution et, en outre, leur solidité, en décomposant et surfaces et solides jusque dans leurs éléments ; cependant, cette puissante méthode ne put donner la surface rigoureusement exacte du cercle et par conséquent sa quadrature.

Il est facile de trouver la raison de cet insuccès dans la nature même de l'équation du cercle. En effet, cette équation est : $(Y^2 = AX - X^2)$, tirant la racine du premier membre et indiquant celle du second, on a : $Y = \sqrt{(AX - X^2)} = (AX - X^2)^{\frac{1}{2}}$, multipliant par DX pour en tirer l'élément de la surface, elle devient : $Y\,DX = (AX - X^2)^{\frac{1}{2}}\,DX$; ensuite il faut, pour *développer* le second membre, tirer la racine de $(AX - X^2)$; mais $(AX - X^2)$ est un binôme algébrique qui ne peut être un carré que dans un seul cas : c'est quand : $X = \frac{1}{2}A$, alors l'équation devient : $\frac{1}{2}A^2 - \frac{1}{4}A^2 = \frac{1}{4}A^2$ dont

$\sqrt{\frac{1}{4}A^2}$ $\frac{1}{2}A$ et n'a point de racine carrée exacte en général. On ne peut donc, en développant ce binôme en série convergente, qu'obtenir une suite successive de termes qui approchent de plus en plus de l'exactitude, mais qui ne peuvent jamais l'atteindre et cependant que l'on doit multiplier par la différentielle D X et ensuite intégrer. Or, puisque le nombre des termes est infini, cette opération est donc impossible. Donc, de ce côté encore, la quadrature du cercle est demeurée en théorie, chose impossible.

Il en a été de même pour la rectification ou le redressement d'un arc de cercle, la même méthode donne également en série convergente une suite de termes qui vont en se rapprochant de plus en plus de l'exactitude, mais qui ne peuvent l'atteindre qu'à une distance infinie ! c'est-à-dire : jamais.

Newton qui, probablement comme inventeur du calcul infinitésimal, est le premier qui en fit usage pour obtenir cette quadrature, déclare dans ses œuvres mathématiques que la quadrature du cercle et en général de toute surface ovale est impossible, parce que l'on ne peut carrer à volonté aucune partie du cercle. Pour répondre à Newton, voir la table des matières contenue dans ce volume. Cependant plusieurs

géomètres ne furent point de son avis, comme
déjà nous l'avons dit, et persévérèrent à penser
que l'impossibilité de la quadrature du cercle
entier n'était pas démontrée.

Dans ces derniers siècles, les sciences mathématiques et géométriques ayant pris un déve-
loppement considérable, les géomètres s'appli-
quèrent de nouveau à la recherche du rapport
du diamètre à la circonférence, et par des méthodes nouvelles, parvinrent à des résultats
incomparablement plus approchés que tous ceux
qu'on avait obtenus jusqu'alors. Ils obtinrent
pour quotient de la division de la circonférence
par le diamètre un nombre composé de trois
unités, suivies de . cent trente deux décimales !.. que voici, avec seize décimales seulement
$\frac{C}{D} = 3, 1415926535897932$. Ce nombre qui n'est
pas même la huitième partie du nombre total
des chiffres trouvés est cependant tellement approché qu'il peut donner, avec une précision plus
que suffisante pour tous les besoins, la circonférence d'un cercle, dont le rayon serait la distance
de la planète Neptune au soleil, c'est-à-dire 30
fois plus éloigné du soleil que la terre. Ce qui démontre d'une manière évidente que ce n'était que
l'exactitude donnée par une formule théorique
que les géomètres cherchaient à découvrir.

Cette méthode qui d'abord semble permettre d'approcher aussi près du but qu'on le désire, ne fait point connaître par l'inspection seule de ses chiffres, si ce rapport est incommensurable ou si en poursuivant plus loin les opérations, on ne parviendrait pas à un résultat fini. En effet, aucune partie périodique ne s'étant montrée dans cette longue suite de décimales, il en résulte qu'on serait sur ce point dans l'incertitude, si un examen attentif sur la méthode employée n'en faisait prévoir le résultat final. Effectivement, cette méthode consiste dans l'emploi de deux polygones réguliers, l'un inscrit dans le cercle et l'autre circonscrit au cercle et d'un même nombre de côtés, que l'on double consécutivement comme nous l'avons déjà dit et qui deviennent, par conséquent, de plus en plus petits, tout en se ropprochant de la circonférence avec laquelle ils doivent finir par se confondre, ce qui ne peut avoir lieu que quand deux côtés homologues de ces deux polygones, et le petit arc de la circonférence qu'ils renferment entre eux sont réduits tous trois à une seule et même ligne droite, ce qui, en conséqnence, ne peut être que celle qui joint deux points mathématiques infiniment rapprochés ! Ce rapport est donc incommensurable.

D'ailleurs ce rapport fut-il, même fini, s'il est composé d'un trop grand nombre de décimales, il devient impropre pour la solution du problème, attendu que l'on ne pourrait tracer une ligne droite qu'on puisse, en théorie, considérer comme la circonférence d'un cercle dont le rayon serait donné.

En effet, ce rapport, ne fut-il que celui que nous venons de citer plus haut, un rayon étant donné comme hauteur d'un triangle, il est impossible de tracer comme base une droite qu'on puisse légitimement admettre comme ayant la longueur assignée par ce rapport.

Nous venons de voir que les méthodes employées pour obtenir la quadrature du cercle n'ont pu vaincre les difficultés que renferme la solution de ce problème. Voyons maintenant s'il ne serait point possible d'obtenir la racine carrée en nombre de la surface du cercle. En d'autres termes, si la surface du cercle est un carré qu'on puisse exprimer en chiffres, en admentant que π soit exact, la surface du cercle ayant pour expression πr^2 donne pour sa valeur $\sqrt{\pi r^2}$; or, pour que le produit des deux facteurs soit un carré, lorsque l'un est carré, il faut que le second facteur soit également un carré, comme dans cet exemple $\sqrt{a^2 b^2} = a b$. Mais si l'un des facteurs n'est point un carré, comme dans l'expression de la surface du cercle dans laquelle π n'est point un carré, alors on a seulement $\sqrt{\pi r^2} = r \times \sqrt{\pi}$; racine incommensurable, donc le cercle n'est point un carré ?... qu'on puisse exprimer en chiffres.

Doit-on conclure de cette démonstration qu'il soit impossible de construire graphiquement un carré qui soit absolument égal à la surface du cercle ? nullement. La géométrie enseigne la manière de construire graphiquement un carré égal à une surface quelconque, et le côté de ce carré représente par une ligne droite la racine carrée du produit des deux facteurs qui ont donné cette surface. Ainsi la diagonale d'un carré est la racine de deux ; racine incommensurable en nombre, c'est-à-dire qui ne peut être exprimée en chiffres.

Les moyennes géométriques graphiques, entre les produits des nombres : 1×2, 3×5, 7×11, etc., etc., sont les côtés en lignes droites, représentant les racines carrées des produits des nombres que nous venons de citer, produits qui ne sont nullement des carrés en chiffres.

En définitif, à quoi tendaient tous les procédés, toutes les méthodes mis en œuvre par les géomètres, dans la recherche de la quadrature

du cercle ? A obtenir la mesure exacte de la longueur en ligne droite de la circonférence d'un
cercle. D'abord, par la connaissance du rapport
du diamètre à cette circonférence ; rapport que
nous savons être incommensurable, impossible ;
ensuite par certaine construction de ligne courbe.
devant rectifier la circonférence, en déterminant
une partie du rayon qui eut avec le rayon même,
le rapport du diamètre à la circonférence.
recherche qui ne faisait que de déplacer la
difficulté. Puis par la mesure directe de la
circonférence, en l'enveloppant, procédé con-
traire à l'axiome cité plus haut, et enfin, par
l'application du calcul infinitésimal qui ne s'est
trouvé impuissant que parce que l'équation au
cercle n'étant point un binôme algébrique carré
que dans un seul cas, comme nous venons de le
démontrer, ne peut donner que des résultats plus
ou moins approchés. Comme on le voit, toutes
ces tentatives ont été faites en vue de pouvoir
construire un triangle rectiligne. dont la base fut
égale à la circonférence d'un cercle donné, et
dont la hauteur fut le rayon du même cercle.
afin d'en transformer la surface en un carré qui,
dans ces conditions, eût été parfaitement égal à
la surface du cercle.

Donc, d'après ce qui vient d'être dit, les conditions exigées pour obtenir la quadrature du cercle sont clairement et catégoriquement posées ; elles sont sans aucun égard sur l'espèce de méthode employée pour y parvenir, pourvu que l'exactitude de la méthode soit rigoureusement géométrique. Cela est évident et n'admet aucune discussion.

Donc : si l'on construit un triangle rectiligne, dont la base soit égale à la circonférence d'un cercle donné et dont la hauteur soit égale au rayon du même cercle, et que l'on transforme la surface de ce triangle en carré, ce carré est la quadrature du cercle.

Histoire de la cycloïde.

Nous trouvons dans l'histoire des mathématiques par Montucla un résumé très intéressant sur la découverte, par Galilée, d'une nouvelle courbe, connue aujourd'hui sous le nom de cycloïde (forme de cercle) planche I, figure 1. Voici quelques fragments de ce résumé :

Parmi les objets de recherche qui ont exercé les géomètres dans les divers temps, il en est peu qui aient eu plus de célébrité que la cycloïde. Ses propriétés nombreuses et tout à fait remarquables la lui mériteraient déjà, mais elle la tient d'autres causes.

« Semblable à la pomme de discorde, cette
« courbe ne fut pas plutôt connue des géomè-
« tres, qu'elle excita des débats et, par une
« sorte de fatalité, presque toutes les décou-
« vertes faites sur sont sujet, ont été l'occasion
« de quelques contestations.

« La cycloïde est une courbe dont la généra-
« tion est facile à concevoir. Qu'on imagine un
« cercle qui roule sur une ligne droite et dans
« un même plan, tandis qu'un point de sa cir-
« conférence laisse une trace sur ce plan, cette
« trace sera la cycloïde.

« Nous avons tous les jours sous les yeux des
« exemples de cette génération : le clou d'une
« roue qui roule, décrit une courbe qui serait
« une cycloïde parfaite si cette roue et la ligne
« à laquelle elle s'applique étaient, l'une un
« cercle parfait et l'autre une ligne parfaitement
« droite . . . .
« Il est à propos de remarquer que le cercle

« générateur peut tracer d'un mouvement uni-
« forme sur sa base droite une courbe plus ou
« moins grande, ce qui donne lieu à la division
« des cycloïdes en allongées, en rationnelles et
« en raccourcies, selon que le point traçant est
« situé, soit au dedans, soit à la circonférence
« et soit au dehors du cercle **tandis que le**
« **cercle générateur parcourt une ligne**
« **qui est parfaitement égale à sa circon-**
« **férence.** »

Ici il n'est question que de la cycloïde décrite
par un point traçant appartenant à la circonférence du disque.

Nous ne croyons pas devoir, dans cet opuscule, nous étendre plus loin et suivre Montucla
dans son histoire de la cycloïde. Ce que nous en
avons transcrit est suffisant pour en faire connaître la nature et faire comprendre à nos lec-
teurs celles de ses propriétés qui ont trait à la
question qui nous intéresse, c'est-à-dire à la
quadrature du cercle, dont les éléments sont
ceux-mêmes de cette courbe.

Faisons d'abord connaître l'instrument qui va
nous servir pour tracer la cycloïde : C fig. 2 est
un disque ou cercle matériel ayant une certaine
épaisseur percé en son centre d'un trou rond

dans lequel est introduit un axe également rond, autour duquel le cercle peut tourner avec toute facilité en conservant toujours son même plan. Au point A, extrémité d'un de ses diamètres A B, se trouve fixé dans le plan même de la circonférence, c'est-à-dire à la même distance du centre, une pointe de métal faisant fort peu saillie sur l'épaisseur du disque. Si l'on suppose maintenant que la ligne droite (fig. 1) X Y soit une règle inflexible, alors prenant le disque et le posant sur cette règle de manière que sa circonférence s'applique exactement dessus et lui soit constamment tangente, la face du disque qui porte la pointe traçante A appliquée également contre un plan, dans cette position, et tenant le disque par son axe, si on le fait rouler sur la droite X Y, en le maintenant toujours en contact avec la surface sur laquelle la pointe A s'appuie, cette pointe tracera la cycloïde A M B (fig. 1). Maintenant, pour bien se rendre compte de la construction théorique de cette courbe, examinons attentivement la fig. 3 dans laquelle le cercle, pendant la génération de la cycloïde, est représentée dans cinq positions différentes : dans la première, près du point X, nous voyons le cercle posé sur le plan ou la droite X Y ; en cet instant le point traçant A termine une cycloïde dont on voit la fin **H A**; il est alors au point de tangence sur la droite **X Y**, car ce point est un de ceux qui constituent la circonférence même, laquelle est toujours tangente à **X Y**. Le diamètre **A B** du cercle est donc perpendiculaire à cette droite, puisqu'il aboutit au point de tangence, d'où il résulte avec la plus entière évidence que le point mathématique qui termine la courbe **H A** est le point même qui commence la seconde courbe, de sorte que, le point qui termine la première, celui qui commence la seconde et enfin celui de tangence ne font plus qu'un seul et même point !... Ce que nous disons du point initial de la cycloïde, nous le disons également du second point A qui, dans la cinquième position du cercle, termine la courbe; car, comme on le voit, le point A est redevenu tangent à la droite **X Y**, et le diamètre est redevenu également perpendiculaire à cette droite; il a donc fait une rotation complète autour de son centre et il recommencera une troisième cycloïde absolument égale et semblable si son roulement continue. De sorte que la circonférence s'est appliquée sans déformation de sa constitution, ni altération de sa dimension dans toute sa longueur entre les points extrèmes de la cycloïde. Donc, la droite **A A** qui joint ces deux points extrêmes est la circonférence même du cercle générateur [1] [2]. Dans la position médiaire du cercle on voit que son diamètre A B a opéré une demi rotation sur son centre puisque ce diamètre est redevenu perpendiculaire à cette droite X Y. Mais de bout en bout au point B, qui est le milieu de A A, car alors la demi-circonférence s'est entièrement appliquée depuis le point A jusqu'au point B et la perpendiculaire élevée en ce point ne peut être que le diamètre du cercle [3].

[1] Deux grandeurs : lignes surface ou solides, sont égales lorsqu'étant superposées elles coïncident dans toutes leurs dimensions ; superposition instantanée ou successive.

[2] Il est extrêmement important de remarquer que la longueur exacte de la circonférence du cercle ne peut être absolument déterminée que par les extrémités seules de la cycloïde et c'est là le point fondamental sur lequel s'appuie la théorie. Ainsi, le procédé employé jadis par Bovillus et le cardinal Cusa, procédé qui ne consistait que dans le roulement seul du cercle sur un plan, sans le concours de la cycloïde, courbe inconnue alors, n'est qu'un moyen approximatif grossier pour rectifier la circonférence du cercle et incapable, par conséquent de servir de base à une théorie quelconque de géométrie.

[3] D'un point à un autre, on ne peut mener qu'une seule ligne droite.

Il est en outre à remarquer : que la distance du point traçant A, au point de tangence est toujours égale à la corde de l'arc qui s'est appliqué sur la droite X Y depuis le point de départ, de sorte que la plus grande distance entre ces deux points ne peut être que le diamètre du cercle générateur même, ce qui arrive nécessairement au milieu de A A.

Toutes ces vérités sont très faciles à voir par l'inspection seule de la figure 3, il est vrai ; mais cependant, il ne faudrait pas s'étonner outre mesure si nous accumulons preuves sur preuves pour démontrer une chose si facile à comprendre, parce qu'il ne faut pas perdre de vue que presque toutes les vérités qui découlent des propriétés de cette courbe ont été combattues lors de leur apparition et néanmoins parfaitement reconnues aujourd'hui. C'est pourquoi nous prenons l'avance contre les objections plus ou moins mal fondées qu'on pourrait nous faire, concernant ces nouvelles considérations, sur les propriétés de la cycloïde.

Donc, si du point D, milieu de A B, fig. 4, on élève la perpendiculaire D M, terminée à la courbe au point M, elle sera le diamètre du cercle générateur, comme A B en est la circonférence. Alors du point I milieu de ce diamètre, menons les droites obliques I A, I B, aux extrémités de la droite A B qui, comme on le sait, sont en même temps celles de la cycloïde, elles détermineront un triangle rectiligne A I B, ayant pour base la circonférence et pour hauteur le rayon du cercle générateur... **Donc, la surface de ce triangle sera, en principe, absolument égale à celle de ce cercle.**

Or, pour transformer la surface de ce triangle en un carré (fig. 5) qui lui soit égal, prenons une moyenne géométrique graphique entre la moitié A D de la base et la hauteur entière D I. A cet effet, portons D I sur D B, ce qui donnera le point F, et du point K milieu de A F, et d'un rayon A K, décrivons une demi-circonférence, elle coupera le diamètre D M du cercle générateur en un point E et D E (nous avons préféré cette formule à d'autres, parce qu'elle est très élégante), sera le côté du carré dont la surface DE^2 est égale à celle du triangle A I B, **et par conséquent, égale à celle du cercle qui a décrit la cycloïde**, car, en vertu des propriétés des droites qui se coupent dans le cercle, on a : $AD : DE :: DE : DF$, tout le monde connait la démonstration géométrique de cette proposition, car A D égale la moitié de la circonférence du cercle et D F égale le rayon, c'est-à-dire la hauteur du triangle A I B du même cercle, alors la proportion devient : $\frac{1}{2} C : DE :: DE : R$ donc $\frac{1}{2} C R = DE^2 =$ surface A I B = surface du cercle, ou **quadrature du cercle...** fig. 6.

Maintenant, voyons les conséquences qui découlent du principe de la similitude des surfaces. Puisque dans notre théorie nous n'avons considéré aucune dimension particulière des éléments que nous avons mis en œuvre, la figure que nous venons de construire peut être regardée comme une formule graphique, au moyen de laquelle on peut carrer n'importe quel cercle que ce soit.

En effet, puisque les cercles sont des figures semblables, nous pouvons établir graphiquement une proportion, entre chaque partie de ce triangle et une figure homologue d'un autre triangle provenant d'un cercle quelconque. Car il est évident que tous les triangles qu'on pourrait obtenir par le même procédé seraient absolument semblables, d'où il résulte que chaque ligne et chaque angle de notre triangle est un terme qui peut fonctionner graphiquement comme un terme littéral ou arithmétique dans une formule quelconque.

Donc, en vertu de ce principe :

PREMIÈRE PROPOSITION

Une ligne droite D' I' étant donnée comme le rayon d'un cercle, trouver la quadrature du cercle (fig. 7).

Démonstration : A l'une des extrémités de cette droite au point D′ élevons une perpendiculaire que nous prolongerons indéfiniment de part et d'autre, et du point I′ nous mènerons les obliques I′A′ et I′B′ en faisant les angles D′I′A′ D′I′B′ égaux chacun à chacun, aux angles D I A D I B du triangle A I B fig. 4 et 5 (du reste ces angles sont égaux), ces obliques iront couper la perpendiculaire indéfinie aux points A′ et B′ de manière que le triangle A′I′B′ sera semblable au triangle A I B et, puisque les rayons sont proportionnels aux circonférences on a la proportion : D I : A B :: D′I′ : A′B′, ou en mettant pour chacune de ces lignes leurs noms : R : C :: R′ : C′ donc C est la circonférence dont R′, c'est-à-dire D′I′, est le rayon, donc ce triangle égale en surface celle du cercle dont le rayon est donné. Alors il n'y a plus, pour obtenir la quadrature du cercle, qu'à transformer la surface de ce triangle en carré. Si le rayon donné est plus petit que celui du cercle générateur, on peut s'y prendre comme dans la figure 7 *bis* en prenant sur I D la partie I D′ et de ce point, menant A′B′ parallèle à A B on aura A′B′ qui sera la circonférence dont I′D′ est le rayon.

DEUXIÈME PROPOSITION

Une droite A'B' étant donné comme circonférence d'un cercle, trouver la quadrature de ce cercle (fig. 8).

DÉMONSTRATION : sur le milieu D' de cette droite, élevons une perpendiculaire indéfinie et aux extrémités A' et B' de la ligne donnée, menons les obliques A'I' et B'I', en faisant les angles A' et B' égaux aux angles A et B du triangle A I B fig. 4. Ces droites iront couper la perpendiculaire indéfinie au point D I, ce point sera le rayon du cercle dont la circonférence est donnée, en même temps ce rayon sera la hauteur de ce triangle. On appliquera donc, pour achever la solution, les mêmes procédés que pour les propositions précédentes.

TROISIÈME PROPOSITION (fig. 9).

Un carré A B C D étant donné ou seulement le côté A B de ce carré, déterminer le cercle qui lui est égal en surface, en d'autres termes : trouver le rayon de ce cercle ?

DÉMONSTRATION : Nommons C la circonférence du cercle générateur qui a décrit la cycloïde R le rayon de ce cercle, Y le côté du carré dont

la surface lui est égale. Nommons également :
C'R' et Y' les éléments correspondants de celui
dont la surface carrée est donnée.

Puisque les surfaces semblables sont entre
elles comme les carrés des lignes homologues,
on aura la proportion $Y^2 : R^2 :: Y'^2 : R'^2$, donc
aussi $Y : R :: Y' : R' = \frac{R Y'}{Y}$ Pour construire cette
équation tirons les droites P N et P M fig. 10 qui
se coupent au point P, portons sur P M les lignes
Y et Y', et sur P N la ligne R, joignons par une
droite les points Y et R, et par le point Y' menons une droite parallèle à Y R, elle déterminera sur P N la partie P R' qui sera le rayon
cherché.

En effet, à cause des parallèles Y R et Y'R',
les triangles semblables Y P R et Y'PR' donnent
la proportion P Y : P Y' :: P R : P R', c'est-à-
dire $Y : Y' :: R : R' = \frac{R Y'}{Y}$ ce qui donne le rayon
du cercle dont on a la quadrature.

Dans cette proportion si, au lieu du rayon R
on mettait C, le quatrième terme donnerait la
circonférence du cercle dont la surface carrée
est donnée et si, connaissant le rayon, on voulait
obtenir directement la quadrature, c'est-à-dire
le côté D' E' du carré, la proportion serait
R R' :: D E : D'E' et la figure 10 est suffisante
pour en donner la solution (voir pl. 2, fig. 11).

Du reste, on comprend facilement que nous ne pouvons employer tous les procédés et les méthodes par lesquels on peut obtenir les solutions de toutes les questions que nous proposons.

QUATRIÈME PROPOSITION

Trouver le cercle dont la surface est égale à celle d'un polygone quelconque, A B C D E (fig. 12).

DÉMONSTRATION : Il est facile de comprendre que, pour résoudre cette question, il faut premièrement convertir la superficie de ce polygone en un carré qui lui soit égal en surface afin de procéder comme dans le théorème précédent. Pour y parvenir, voici comment on s'y prendra : 1° On décomposera la figure polygonale en autant de triangles qu'il sera nécessaire pour que la surface entière soit réduite en triangles, ici ce sera en trois, ensuite, on prendra pour chacun d'eux une moyenne géométrique graphique entre la base et la moitié de la hauteur, on portera la somme de ces deux lignes sur une droite et du milieu de leur somme comme diamètre, on décrira une demi-circonférence et, aux points de jonction E D D de chacune de ces deux lignes (fig. 13, 14 et 15) on élèvera des

perpendiculaires E M, D F et D S qui rencontre-
ront ces demi-circonférences aux points M, F et
S, et ces droites seront chacune le côté du carré
de leur triangle respectif. Ensuite, pour obtenir
un seul carré qui soit égal à la somme de ces
trois carrés, on construira d'abord un triangle
rectangle E N M (fig. 16), dont les côtés E M et
M N seront deux côtés quelconques des moyennes
graphiques que nous avons obtenues, puis tirant une droite E N, le triangle rectangle E N M
donnera : $\overline{EN}^2 = \overline{EM}^2 + \overline{MN}^2$ au point N
de ce triangle on tirera la droite N F égale au
côté du carré du troisième triangle ; en faisant
l'angle E N F droit, ensuite tirant la droite E F,
ce triangle rectangle donnera : $\overline{EF}^2 = \overline{EN}^2$
$+ \overline{NF}^2$ mettant à la place de $\overline{EN}^2$ sa valeur
que nous avons eue dans la première équation,
nous aurons pour résultat : $\overline{EF}^2 = \overline{NF}^2 + \overline{MN}^2$
$+ \overline{EM}^2$; donc la droite E F est le côté du carré
égal à la somme des carrés des trois triangles
qui forment la surface du polygone A B C D E.
On traitera donc ce carré comme nous l'avons
fait pour le précédent.

Il en sera de même pour la figure 17.

CINQUIÈME PROPOSITION

On demande la quadrature de la surface d'une sphère dont le rayon est donné.

DÉMONSTRATION : On déterminera d'abord la quadrature du cercle dont le rayon est donné par la méthode que nous connaissons, soit donc A B C D fig. 18 cette quadrature. Ensuite on observera que la surface de la sphère étant égale à quatre fois celle d'un grand cercle, il suffit de construire un carré dont les côtés soient doubles de celui du cercle ; il sera la quadrature de la sphère dont le rayon a été donné.

Si l'on veut la quadrature d'un hémisphère, fig. 19, il suffira de construire un carré sur la diagonale du carré du cercle lui-même.

Si l'on conçoit que la surface de la sphère soit partagée en quatre zones parallèles, ayant les deux du milieu chacune 30° de largeur, ce qui s'obtiendra en élevant une perpendiculaire sur le milieu du rayon, fig. 19bis, les deux autres qui seront des zones polaires, auront chacune 60°. Ces quatre zones seront égales en surface (Théorie de la surface de la sphère), elles auront pour mesure la quadrature du cercle. Il résulte encore que, si deux grands cercles se

coupent sur la sphère à angle droit, les quatre
surfaces en fuseau qu'ils formeront auront également pour quadrature celle du cercle, et si l'on
imagine un troisième grand cercle, coupant les
deux premiers à angles droits, ces trois grands
cercles auront partagé la surface de la sphère
en huit triangles sphériques rectangles égaux
dont la quadrature pour chacun sera la moitié
de celle du cercle et qu'on obtiendra de cette
manière : soit A B, fig. 20, le côté de la quadrature d'un grand cercle de cette sphère ; sur
ce côté comme diamètre, décrivons une demi-
circonférence et au point P, milieu de A B,
élevons la perpendiculaire P M et tirons la corde
M B, elle sera le côté du carré dont la surface
est la moitié de la quadrature du grand cercle
de la sphère. En effet, M B est le côté d'un
carré dont A B est la diagonale.

Maintenant voyons les procédés qu'il est nécessaire d'employer pour obtenir la quadrature
des parties régulières du cercle. Nous enten-
dons, par parties régulières du cercle, les secteurs, les segments, les lunules, les anneaux,

etc., et aussi la quadrature de leur somme et de leur différence. Voyons premièrement les secteurs qu'on peut inscrire dans le cercle générateur, qui est celui qui nous sert de base. Observons d'abord que ces secteurs peuvent être diviseurs commensurables du cercle et les autres peuvent n'avoir aucun fini avec le cercle ou avec la circonférence. Nous allons nous occuper des premiers, ensuite, nous verrons les seconds.

SIXIÈME PROPOSITION (fig. 21).

En conséquence, dans le cercle générateur, décrivons le secteur K C S, et supposons l'angle C de 60°. La surface de ce secteur sera à celle du cercle comme 60° : 360° :: 1 : 6 ; alors la surface du secteur sera le sixième de celle du cercle.

Pour carrer ce secteur, construisons le triangle A I B, fig. 22, que nous connaissons, et du point B, tirons la droite B M, en faisant un angle quelconque avec A B, et portons sur cette droite six ouvertures de compas arbitraires, mais égales, c'est-à-dire autant d'ouvertures de compas que la surface du cercle contient de fois celle du secteur, du point M, extrémité de la sixième partie, tirons la droite M A, et du point T, ex-

trémité de la cinquième, menons T P parallèle
à A M, elle coupera la base A B en un point P,
et A P sera la sixième partie de la base du
triangle A I B, comme T M est la sixième partie
de B M, si nous tirons la droite P I, elle déterminera le triangle A I P dont la hauteur D I est
celle du triangle A I B. Donc, ces deux triangles
ayant même hauteur, sont entre eux comme
leur base, c'est-à-dire comme $1 : 6$. Mais la
surface du triangle A I B est égale à la surface
du cercle, donc, celle du triangle A I P égale la
sixième partie du cercle, comme le secteur.
Donc, le triangle A I P et le secteur sont égaux.

Maintenant, pour carrer le triangle A I P,
portons sur A H, fig. 23, la droite A P, plus
$\frac{1}{2}$ D I $=$ P H, et sur A H, comme diamètre,
décrivons la demi-circonférence A G H, et au
point P, élevons la perpendiculaire P G, elle
sera le côté du carré du secteur K C S. Le triangle restant P I B est égal au grand secteur
K B S, cela est évident ; pour en obtenir la
quadrature, nous porterons, comme nous venons
de le faire, sur une droite indéterminé P Q,
fig. 24, la moitié de P B fig. 22 plus B Q $=$ D I
puis décrivant la demi-circonférence P′ F Q et
la perpendiculaire B′F, sera le côté du carré
égal à la surface du triangle P I B, qui égale le

grand secteur K B S. Venons de nouveau au secteur K C S, tirons la corde K S du point C, abaissons la perpendiculaire C F, elle sera la hauteur du triangle K C S, dont la surface aura aussi pour expression PM^2, fig. 25. Or, la surface du segment égale celle du secteur moins celle du triangle, donc, pour avoir cette quadrature, il faut du carré du secteur retrancher celui du triangle ; pour y parvenir, construisons le triangle rectangle A B C, fig. 26, faisons A B égal P M, côté du carré du triangle K C S et au point B, tirons B C, que nous prolongerons selon le besoin en faisant l'angle B droit, puis du point A et d'un rayon égal à P G, côté du carré du secteur, on décrira un petit arc qui coupera B C au point C, et tirant A C, on aura B C qui sera le côté du carré, dont la surface égale celle du segment. En effet, dans ce triangle-rectangle on a : $BC^2 = AC^2 - AB^2$, donc, BC^2 est la quadrature du segment K N S F.

On voit, par ce qui précède, que tant que le secteur sera un diviseur exact de la circonférence, la quadrature de ce secteur et de son segment sera chose facile à obtenir ; mais il y aura plus souvent des cas où cette exactitude n'aura pas lieu ; il est donc nécessaire d'imaginer un moyen graphique qui permette d'obtenir, en toute circonstance, la quadrature d'un secteur quel que soit son rapport avec le cercle ou son arc avec la circonférence. (Il est bien entendu qu'il n'est toujours question que de théorie ; car pour prendre des dimensions parfaitement conforme en exactitude à la théorie mathématique, si la chose n'est pas impossible, elle est très difficile, elle est du même genre que les théories géométriques concernant la similitude des triangles, les parallèles, le carré de l'hipoténuse, etc., etc., qui sont parfaitement vraies en théorie ; mais dans la pratique rien n'est exact !!! — Mais cependant l'exactitude sera d'autant plus grande que les dimensions seront mieux prises et c'est la seule chose qu'il soit permis d'obtenir.)

Pour parvenir à ce résultat, il nous faut d'abord faire connaître les modifications qu'il est nécessaire de faire subir au cercle matériel qui sert à engendrer la cycloïde. La fig. 28 est la même que la fig. 2 ; mais en plus, on voit qu'au lieu du seul point traçant A, ce cercle en possède un second A', mais celui-ci est mobile et peut se mouvoir à volonté le long de la circonférence, dans une partie un peu moins grande peut-être que deux angles droits, sans pouvoir cependant sortir de cette circonférence, et pou-

vant y être fixé solidement sur un des points de
son parcours, à volonté.

Maintenant, si l'on conçoit que dans un cercle
(fig. 29) égal au cercle générateur, on ait décrit
un secteur quelconque B I E ; alors, tirant la
corde B E, il sera facile au moyen d'un compas
d'écarter du point A fixe le point A′ de manière
que les cordes B E et A A′ soient égales ; dans
ce cas, leurs arcs seront naturellement égaux ;
alors fixant le point A′ à la circonférence du cercle
et le posant sur la droite matérielle X Y (fig. 30,
planche 3) et faisant fonctionner cet instrument
comme nous l'avons déjà fait, les deux points
traçants décriront chacun une cycloïde AB et
et P P′ dont la distance A P des deux origines
sera égale à l'arc A A′ qui, lui-même, égale l'arc
B E de la fig. 29. Cela posé, si l'on construit
alors le triangle A I B dans cette même fig. 30
et, tirant la droite P I, on aura le triangle A I P,
dont la surface sera égale à celle du secteur
B I E fig. 29, et dont on aura la quadrature, en
opérant comme nous l'avons fait pour la fig. 21.

Passons maintenant à la démonstration des
secteurs inscrits dans des cercles de rayon
quelconque, soit un cercle fig. 31, dont le rayon
I D′ soit plus grand que celui I D du cercle
générateur et soit un secteur D′ I F inscrit et

dont on ignore la valeur de l'angle I ; du centre
I de ce cercle et d'un rayon I D égal à celui du
cercle générateur, décrivons une circonférence,
elle coupera les rayons I D′ et I F du secteur
D′ I F aux points D et A′ ce qui déterminera
deux secteurs semblables I D M A′ et I D′ N F.
Dans le secteur I D M A tirons la corde D A et
reprenant le cercle matériel fig. 28, éloignons
le point mobile A′ du point fixe A d'une distance mesurée par cette corde, ce qui sera toujours facile au moyen d'un compas. Ensuite sur
la droite inflexible A B, fig. 32, (on comprend
que cette droite inflexible n'est autre qu'une
règle droite), faisons fonctionner le cercle matériel, nous obtiendrons, comme pour la fig. 30,
deux cycloïdes dont les points initiaux seront
éloignés l'un de l'autre d'une distance A P, égale
à l'arc D M A, et achevons la cycloïde. Sur la
droite A B, construisons, comme nous l'avons
déjà fait, les triangles A I B et A I P ; ensuite.
prolongeons I D, de manière que I D′ soit égale
au rayon I D′ fig. 31 et, du point D′ menons
A′ B′ parallèlement à A B, et prolongeons les
droites I A, I P et I B, jusqu'à leur rencontre aux
points A′, P′, B′ avec cette parallèle : je dis qu'on
aura A′ P′, égal à l'arc D′ N F. En effet, dans la
fig. 31, on a la proportion I D : I D′ :: arc D M A:

D N F ; dans la fig. 32, on a également I D : I D'
:: I P : I P' ; mais I P : I P' :: A P : A P', donc, à
cause des rapports communs I D, I D' I P et I P',
on a : D M A : D' N F :: A P : A' P' ; mais l'arc
D M A égale A P par construction : donc l'arc
D' N F égale A' P', donc d'après tout ce qui précède, la surface du triangle A'I P' égale la surface du secteur D'I F. On obtiendra la quadrature de ce secteur, de son segment et celle du
cercle dont il fait partie, par la méthode que nous
avons enseignée au moyen, pour celle du cercle
entier, du triangle A'I B'.

Si le secteur donné était décrit dans un cercle
de rayon moins grand que celui du cercle générateur, tel que D"I P" (fig. 33). Du centre I de
ce cercle, on décrirait le cercle qui nous sert de
type, et on prolongerait les rayons I D" I P"
jusqu'au cercle, ce qui déterminerait l'arc A A'
dont la corde servirait pour l'éloignement du
point traçant mobile A' ; ensuite, on décrirait
les deux cycloïdes (fig. 32), ce qui donnerait
A P ; puis on prendrait sur D I, la partie I D"
égale au rayon du petit cercle (fig. 33) et de ce
point, on mènerait la droite A" B" parallèle à
A B, et la partie A" P" serait la base du triangle
A" I P", dont la hauteur est I D" et dont la surface est égale à celle du secteur D"I P" en ques-

tion, et le triangle A″I P″ est la surface du secteur D″I″P″. On pourra donc carrer secteur, segment et cercle de cette fig. 33.

Avec l'emploi des méthodes que nous venons d'indiquer, il sera toujours facile de déterminer graphiquement la quadrature des secteurs et des segments, soit que l'on ait ou que l'on n'ait pas leur rapport avec le cercle.

Du reste, nous allons encore donner quelques exemples sur la manière de procéder dans ces recherches.

Trouver la quadrature des secteurs B C C, A C C, A C B (fig. 34) et de leurs segments ?

On déterminera d'abord la quadrature du cercle, ensuite celle du triangle inscrit A B C, et qu'on retranchera de celle du cercle au moyen du triangle A B C (fig. 26 ou 43), ce qui donnera celle de la somme des trois segments A B C, et si l'on veut celle de chacunde ces segments en particulier. Alors on tirera les rayons C A, C B et C C ; ensuite, on rectifiera l'arc de chacun d'eux par le procédé que nous avons démontré fig. 31 et 32, ce qui donnera le triangle A I P, et on continuera l'opération comme nous l'avons fait pour le secteur K C S (fig. 21).

Il est facile de voir que pour obtenir la quadrature de la lunule (fig. 35), il faut obtenir les carrés des deux cercles et retrancher celui du plus petit de celui du plus grand, la différence sera la quadrature demandée. Il en sera de même pour la fig. 36. La différence des carrés de ces deux cercles sera la quadrature de l'anneau du plus grand, débordant autour du plus petit.

Pour obtenir la quadrature de la somme des deux segments (fig. 37 et 37bis), il faut carrer les deux secteurs et les deux segments; ensuite, pour avoir la quadrature de la somme de ces deux segments, construire un triangle-rectangle dont les côtés de l'angle droit seront formés par les côtés de ces carrés, l'hypoténuse sera le côté du carré cherché.

Il en sera de même pour la fig. 38.

Si comme dans la fig. 39 le secteur A C B est irrégulier mais que cependant le centre I se trouve dans la direction d'un des côtés, on prolongera ce côté jusqu'au centre, et on tirera le rayon A C, ce qui constituera un secteur régulier A C B, dont ont obtiendra le carré ; ensuite, du point C, on mènera sur A C, la perpendiculaire I C' qui sera la hauteur d'un triangle dont on prendra la quadrature et qu'on retranchera de celle du secteur A C B, et l'on aura pour reste celle du secteur irrégulier A C′B.

On voit également, dans la fig. 40, ce qu'il y aurait à faire, si l'un des côtés prolongé du secteur irrégulier A B A′ ne passait pas par le centre.

Quadrature de l'ellipse.

Sur le grand axe A B, d'une ellipse quelconque (fig. 41), pris comme diamètre, décrivons une circonférence A M B N ; la surface de ce cercle étant représentée par S, celle de l'ellipse par S′; dans ces conditions, on aura la proportion : $S : S′ :: \pi R^2 : \pi AB :: R^2 : AB$; or, comme S est la surface du cercle, nous pouvons l'exprimer par sa quadrature, c'est-à-dire : $\overline{DE},^2$ et, à cause que A est égal au rayon du cercle, on aura en définitif : $R : B :: \overline{DE}^2 : S′ = \dfrac{B \times \overline{DE}^2}{R}$. Pour construire cette équation, tirons une droite indéfinie A B fig. 42 ; portons sur cette droite la ligne $A P = R$ et à la suite $P B = B$. Du milieu C de cette droite comme diamètre, décrivons la demi-circonférence A M B; au point P, élevons la perpendiculaire P M, et tirons les cordes A M et B M, nous aurons la proportion; $AP : PB :: \overline{AM}^2 : \overline{BM}^2$, et par conséquent, $R : B :: \overline{AM}^2 : \overline{BM}^2$. Maintenant, prolongeons la droite A M, jusqu'en A′ de manière qu'on ait M A′ égale D E. Du point A′, menons D E côté du carré du cercle la droite A′ B′, parallèle à A B, et prolongeons M B et M P, jusqu'à leur rencontre avec cette parallèle en B′ P′ ; on aura : $A'P' : P'B' :: \overline{MA'}^2$ $\overline{MB'}^2$; mais $A'P' : P'B' :: AP : PB :: R : B$; donc $R : B :: \overline{MA'}^2 : \overline{MB'}^2$; mais puisque M A′ égale D E par construction donc $R : B :: \overline{DE}^2 \overline{MB'}^2 = \frac{B \times \overline{DE}^2}{R}$; mais nous avons eu en premier lieu, $S' = \frac{B \times \overline{DE}^2}{R}$, donc $S' = \overline{MB'}^2$, donc $\overline{MB'}^2$ est la quadrature de l'ellipse !...

Du carré du cercle retranchons celui de l'ellipse. A cet effet, construisons le triangle rectangle A B C fig. 43, en donnant pour A B le côté du carré de l'ellipse; puis faisant un angle droit en B, et tirant B C indéfiniment. Du point A et d'un rayon D E, décrivons un petit arc qui coupera B C au point C, et tirons A C. On aura : $\overline{BC}^2 = \overline{AC}^2 - \overline{AB}^2$; donc $\overline{BC}^2$ est la quadrature des surfaces des deux lunules A D B M +

A C B N ; et si sur B C (fig. 43), comme diamètre, on décrit la demi-circonférence B M C ; et sur le milieu P de B C, on élève la perpendiculaire P M, et que l'on tire la corde B M, elle sera le côté du carré de l'une quelconque des deux lunules A D B M et A C B N. D'où il résulte que le triangle A B C (fig. 43), aura cette propriété : que son hypothénuse $A\,C^2$ sera la quatrature du cercle ; $A\,B^2$, celle de l'éllipse et $B\,C^2$, celle de la somme des deux lunules ; et enfin $B\,M^2$, celle de l'une quelconque de deux lunules.

(Ces carrés sont représentés dans les figures 44, 45, 46 et 47.)

Nous pensons qu'il est inutile de donner un plus grand nombre d'applications du principe de la quadrature du cercle, mais il est facile de concevoir que nous n'avons pas épuisé la série des propositions qu'on pourrait résoudre par son moyen. Mais en abandonnant ce qui a trait aux surfaces, nous allons diriger nos conceptions sur les transformations qu'on peut faire subir au volume de la sphère. Ces transformations sont nombreuses et on pourrait même dire indéfinies et nous n'en donnerons, par conséquent, que quelques exemples :

D'abord, représentons-nous la quadrature de la surface de la sphère et donnons à ce carré pour épaisseur le tiers du rayon ; nous obtiendrons un parallélépipède rectangle, dont la solidité sera égale à celle de la sphère, et pour en former une pyramide quadrangulaire, nous donnerons pour hauteur, à cette quadrature, le rayon de la sphère, pyramide que l'on pourra transformer en deux pyramides triangulaires en leur donnant pour base la moitié du carré et la solidité de la sphère sera divisée en deux parties égales, et si l'on double la hauteur de chaque pyramide, elles auront chacune la solidité de la sphère.

Reprenons le parallélépipède rectangle et prenons une moyenne graphique entre le côté du carré et le tiers du rayon ; nous obtiendrons un nouveau solide dont la base sera un carré et les côtés seront des parallélogrammes rectangles dont les hauteurs seront égales au double du côté de la quadrature du cercle.

Le triangle A I B peut également donner la solidité de la sphère en le considérant comme base d'un prisme triangulaire et dont la hauteur serait les quatre tiers du rayon. La quadrature

du cercle peut donner aussi une pyramide quadrangulaire dont la hauteur serait les douze
tiers du rayon, ou le double du diamètre.

Tous ces solides, comme on le voit, auraient
tous le même volume que la sphère, et on comprend que le nombre de ces transformations est
illimité ; car il ne suffit pour les obtenir que de
prendre successivement des moyennes graphiques entre les trois dimensions constitutives
des solides qui proviennent de la sphère.

Lapidem quem reprobaverunt edificantes !...

APPENDICE

Nous ne nous proposons ici que la démonstration de la quadrature du fameux rapport π. Voir planche 4; la figure 1 A B est le cercle générateur des deux cycloïdes : planche 1, fig. 1 et fig. 3; la fig. 2 ici, est un cercle A′ B′, d'un diamètre un peu plus grand, dont nous allons donner la rectification de la circonférence, au moyen du principe géométrique de la fig. R A G′. En effet : puisque les rayons sont proportionnels aux circonférences : on a ce rapport : A R rayon du cercle générateur est à A R′ rayon du cercle A′ B′ :: circonférence A B : cir. A′ B′, c'est-à-dire: A R : A R′ :: A G : A G′; donc A G′, est la circonférence rectifiée du cercle A′ B′. Alors, tirant une droite A B de la dimension de A′G, et du point D milieu de A B élevons la perpendiculaire D E égale au diamètre du cercle A′ B′, et du point I rayon du cercle A B, décrivons le cercle, et du même point menons les droites I A I B, elles détermineront le triangle rectiligne A I B dont la base est la circonférence rectifiée du cercle A′ B′, et dont la hauteur est le rayon du même cercle, donc, cette surface est égale à celle du cercle (fig. 3).

Maintenant, pour transformer cette surface en un carré égale en superficie, prenons sur D B, la partie D P égale D I, et du point C milieu de A P comme diamètre, décrivons le demi-cercle A E P, il coupera le diamètre du cercle au point E, et D E sera le côté du carré dont la surface sera égale à celle du triangle A I B, et par conséquent égale à celle du cercle A′B′, c'est donc de nouveau la quadrature du cercle !!!

Maintenant, sur une droite A P (fig. 4), égale à A P (fig. 3), décrivons du point C le demi-cercle A E M P, et faisons P N = P D, et au point N, élevons la perpendiculaire N M, elle sera égale à D E, construisons le carré entier. Cela posé. La géométrie démontre que la surface du cercle $= \pi r^2$, alors, puisque par les propriétés de la cycloïde, nous obtenons cette surface sous forme de carré que nous représentons par DE^2, nous aurons donc $\pi r^2 = DE^2$, tirant la valeur de π, nous aurons, $\pi = \dfrac{DE^2}{r^2}$ c'est-à-dire que π égale le quotient de la division de la surface du cercle par le carré de son rayon (voir fig. 9).

Il s'agit donc simplement de déterminer combien le carré du rayon est contenu dans la surface entière du cercle ; ici, nous pourrions retrancher successivement chaque rayon carré, convertir chaque reste en carré pour en retrancher de nouveau le carré du rayon et ainsi de suite, mais la chose sera plus facile, si nous réfléchissons, que nous savons déjà que le cercle contient plus de 3 fois le carré de son rayon ; c'est pourquoi nous allons construire un carré équivalent à la surface de trois rayons, que nous retrancherons d'un seul coup de la surface du cercle, ce sera la quadrature de la partie entière de π, et la différence, dont nous formerons un carré, sera celle de sa partie incommensurable.

Pour construire un carré équivalent aux trois carrés des rayons portons sur une droite Y Z fig. 7, quatre fois le rayon D I et du milieu K, décrivons le demi-cercle Y E M Z, et au point D élevons la perpendiculaire D E, elle sera le côté, de ce carré comme on peut le voir fig. 7, construisons le carré complet, et ensuite inscrivons ce carré dans celui du cercle (fig. 6); on voit de suite que la différence se présente sous la forme de deux rectangles de même hauteur et dont les bases sont l'une le côté du carré du cercle et l'autre celle des trois rayons que nous allons transformer en carré. Dans la fig. 7, nous avons porté sur la base Y Z, les longeurs de ces deux surfaces, en laissant un petit intervalle Y' Y près de Y, égale à leur épaisseur; et sur la somme de leurs longueurs, et de leur épaisseur, nous avons décrit le demi-cercle S T Y et en ce point la perpendiculaire Y' O, qui est le côté du carré de la partie incommensurable de π, que nous allons représenter d'une manière plus commode. Construisons le triangle A B C fig. 8, faisant A B = au côté du carré des trois rayons; menons B C, en faisant un angle droit, du point A, et d'un rayon égal au côté du carré du cercle, décrivons un petit arc qui coupera B C, au point C, et tirant A C, le côté B C, sera le côté du carré représentant la partie incommensurable de π.

Maintenant, si nous voulons continuer la division de ce carré, nous serons obligé d'imiter les procédés arithmétiques; en effet, lorsque l'on veut trouver le plus grand commun diviseur de deux nombres, sans les décomposer en facteurs premiers, il faut diviser le plus grand par le plus petit, si le reste est O, etc. Ou il faut multiplier chaque reste par dix pour les transformer en unités de dix en dix fois plus petites, ce qui se fera facilement en portant sur une droite 11 fois le côté du carré restant, et du milieu de cette droite comme diamètre décrire une demi-circonférence et à l'un des bouts de cette droite, à la première division élever une perpendiculaire terminée à la courbe, cette droite sera le côté du carré contenant dix fois le carré restant, et duquel on retranchera le carré du rayon. Mais il me semble que ce résultat ne parlera plus à la vue, d'une manière satifaisante ; car, il faudra considérer chaque surface obtenue comme étant dix fois trop grande et n'étant que le 1/10, 1/100, 1/1000, etc. de ce que l'on aura sous les yeux ; tandis que l'on a obtenu après avoir retranché les trois carrés du rayon de celui du cercle : toute la partie incommensurable de π, et cela sous la forme d'un carré ! ! !

Te Deum laudamus.

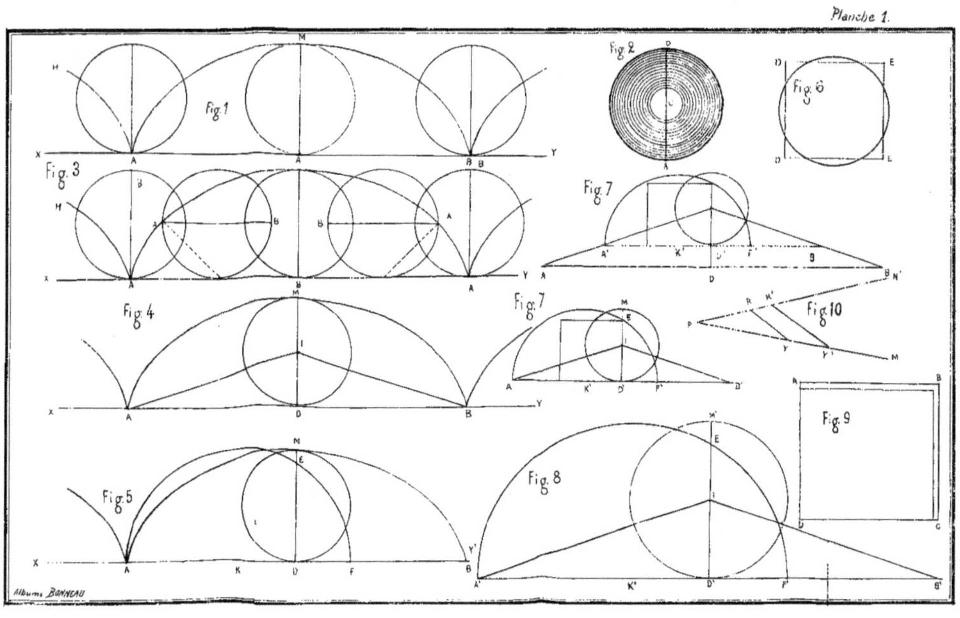

Fig. 1
Fig. 2
Fig. 3
Fig. 4
Fig. 5
Fig. 6
Fig. 7
Fig. 7
Fig. 8
Fig. 9
Fig. 10
Albums BONNEAU

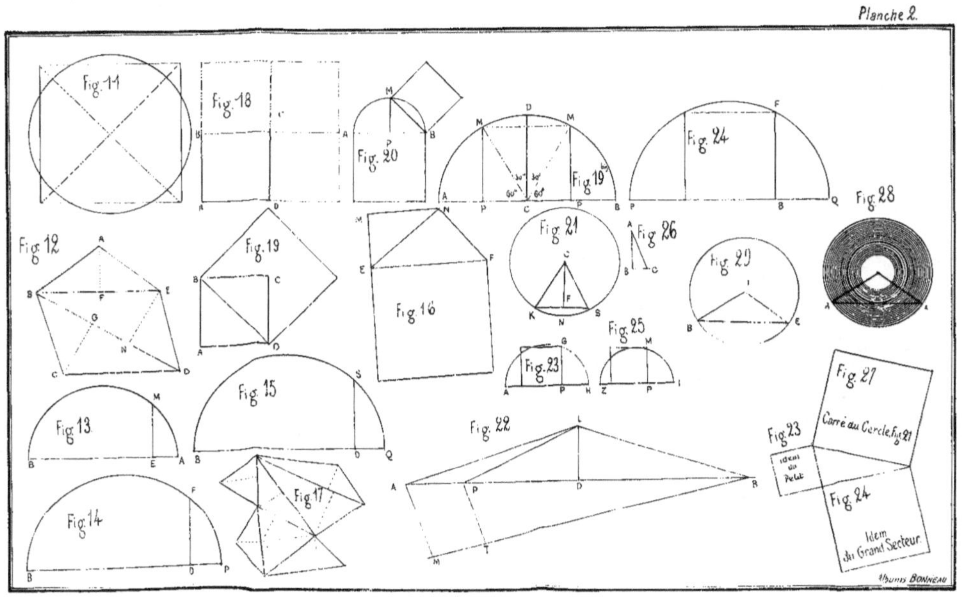

Fig. 11
Fig. 18
Fig. 20
Fig. 19
Fig. 24
Fig. 28
Fig. 12
Fig. 19
Fig. 16
Fig. 21
Fig. 26
Fig. 29
Fig. 15
Fig. 25
Fig. 13
Fig. 22
Fig. 27
Carré du Cercle, fig. 21
idem du Petit
Fig. 14
Fig. 17
Fig. 24
idem du Grand Secteur.
Imp. BONNEAU

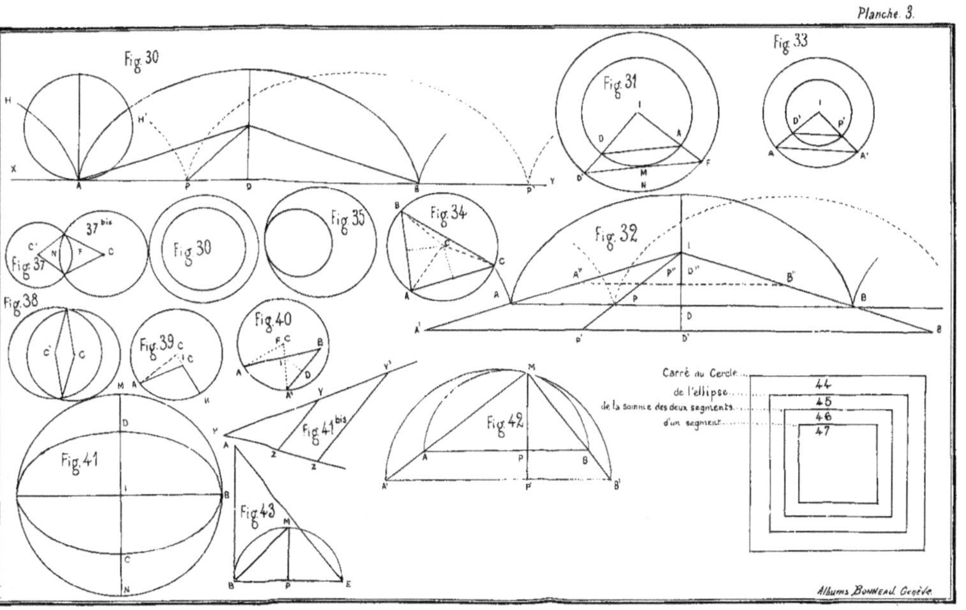

Fig 30
Fig 31
Fig 33
Fig 34
Fig 32
Fig 35
Fig 30
Fig 37
37 bis
Fig 38
Fig 39
Fig 40
Fig 41
Fig 41 bis
Fig 42
Fig 43
Carré au Cercle
de l'ellipse
de la somme des deux segments
d'un segment
44
45
46
47
Albums Bonneau. Genève

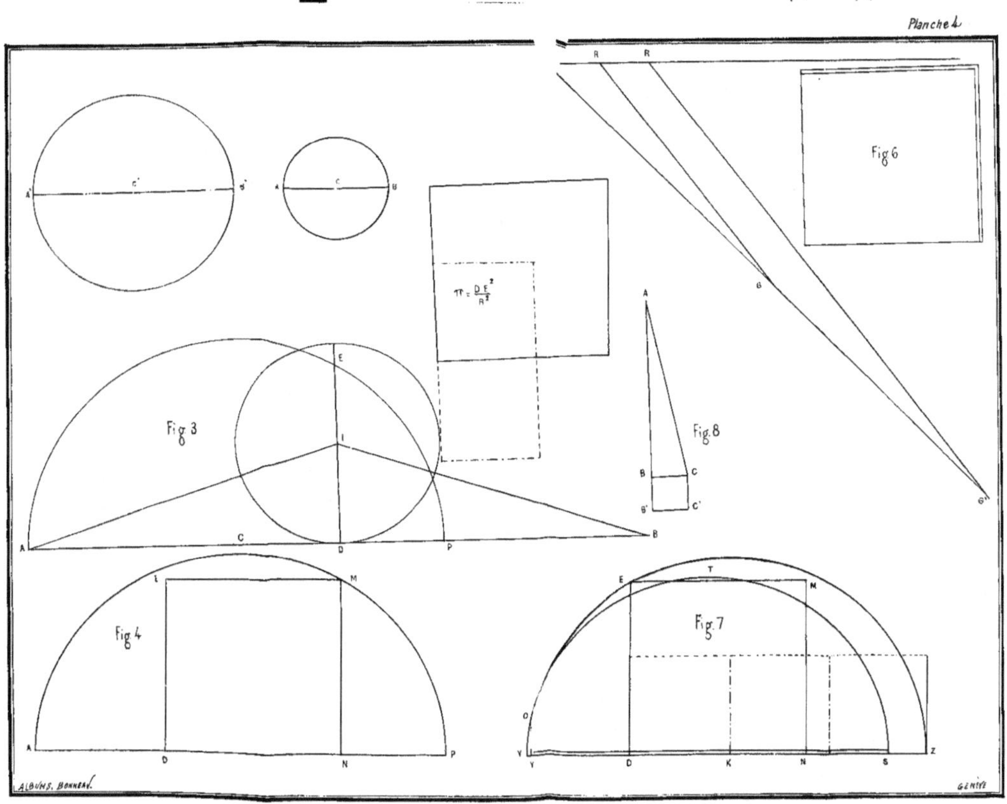
Fig 3
Fig 4
Fig 5
Fig 6
Fig 7
Fig 8
$\pi = \dfrac{D^2}{R^2}$
ALBUMS, BONNEAU.
GENÈVE